THÈSE

Pour

LA LICENCE.

A mon Père, à ma Mère,

AMOUR ET RECONNAISSANCE.

A ma sœur,

AMITIÉ.

FACULTÉ DE DROIT DE TOULOUSE.

ACTE PUBLIC

POUR LA LICENCE,

EN EXÉCUTION DE L'ARTICLE 4, DE LA LOI DU 22 VENTÔSE, AN 12,

SOUTENU PAR

M. DUFAURE de la Prade, (CHARLES JOSEPH),

NÉ A NEUF-BRISACH (HAUT-RHIN).

JUS ROMANUM.

De tutelis et testamentariâ tutelâ.

Tutela (ut servius definivit) vis est ac potestas in capite libero ad tuendum eum qui propter ætatem se defendere nequit, jure civili data ac permissa.

Tutela jure gentium constituta est, et legislator huic institutioni omnem curam attulit. Reipsâ, nihil est tam naturæ aptum et tam conveniens, quàm eum qui se dirigere nequit, sub potestate alienâ mittere. Sed lex civilis secundúm ejus applicationem statuit et consequentias præscripsit.

(Jure civili data aut permissa) hæc definitio tutelæ duas species præstat, prior, ipsâ lege concessa, legitima vocatur; posterior testamento instituta, lege patiente, testamentaria vocatur. His duabus tutelis lege duodecim tabularum institutis, tertia additur certis magistratibus collata, secundùm jus recentius, Attiliana aut dativa nomen habet.

In transitû, de tutelaris potestatis naturâ loquemur, quæ in duobus casibus diversa est: 1° minorem septem annis pupillum, cujuscumque generis negotio, lex ineptum habet;

2° Major autem, dùm fiat melior conditio, rebus suis, tamen acceptione succcessionis esceptà, solus supererit.

Testamentariam tutelam nobis sorte oblatam tractabimus.

Tutela testamentaria hæc est, per quam parentes pueris utriusque sexûs impuberibus, quos in suâ potestate habent, tutorem dare possunt, dummodò post mortem testatoris sub aliam potestatem non recasuri sint, patris scilicet, (avus enim nepotibus tutorem recti dat, non filio emancipato.)

Posthumis etiam rectè tutor datur, si modò vivis parentibus nati, sui et in potestatem eorum fierent.

Pater familias posteris tutorem dare potest, quamvis exhæredatis aut emancipatis, sed si emancipati fuerint posteri, sententià magistratûs tutor confirmari debebat sinè ampliori inquisitione.

Tutorem filio mater non instituere potest; sed si instituerit, ejus optio, sententià magistratus, post inquisitionem confirmari debet.

Maritus uxori tutorem imponere poterat, cum in manu mariti venisset.

Hactenûs de personis quæ tutorem instituere poterant, locuti sumus, nunc de his quæ institui possunt; loquemur.

Testamento institui qui munera publica sustinere possunt, aut qui passivam testamenti factionem habent, exceptis autem latinis Junianis, hoc ultimo jure fruentibus.

Igitur filii familias qui munera publica obire, tutores institui poterant.

Servus proprius, sive ipsâ tutoris datione liber, sive expressâ ob libertatem, sive deficiente testatoris voluntate, tutor rectè instituitur. Alienus autem servus dari non potest, nisi expresserit testator, cùm liber erit.

Furiosus, vel minor viginti quinque annis tutor testamento datus, stabit, cùm mentis compos aut major viginti quinque annis factus fuerit.

Tutor testamento vel codicilio constitui potest, dummodò a testamento confirmatur.

Tutor personæ potiùs quam bonis datur.

Testator ad certum tempus, seu ex certo tempore, vel sub conditione, vel ante hæredis institutionem tutorem rectè dat.

CODE CIVIL.

Livre 3. Titre 3. Des contrats et des obligations conventionnelles.

CHAPITRE PREMIER.

L'échange mutuel de secours que les hommes vivants en societé ont été obligés de se prêter, a donné naissance au contrat. Il nous vient donc du droit des gens.

Le contrat d'après l'art. 1101, est une convention par laquelle, une ou plusieurs personnes s'obligent, envers une ou plusieurs autres, à donner, à faire ou à ne pas faire quelque chose.

Ainsi il est de l'essence du contrat qu'il y ait une obligation. Mais il faut éviter de confondre la convention avec l'obligation, les deux élémens du contrat. Par convention, on entend l'accord de deux ou plusieurs personnes sur le même objet, et par obligation, le lien de droit qui nous astreint à donner, à faire ou à ne pas faire quelque chose. Ainsi donc l'obligation peut exister sans convention. — Celui au profit duquel est contractée l'obligation, se nomme créancier, celui qui s'oblige s'appelle débiteur.

Les contrats suivant la divisiou du code, sont synallagmatiques ou bilatéraux, unilatéraux, commutatifs, aléatoires, contrats de bienfaisance et enfin contrats à titre onéreux. La définition de ces diverses espèces de contrats se trouvent dans les art. 1102 et suivants.

Le législateur dans sa sagesse, a voulu tracer des conditions, d'après lesquelles, on pourrait reconnaître l'existenee du contrat. Elles sont au nombre de quatre, savoir : 1.. le consentement des parties; 2.. la capacité de contracter; 3.. un objet certain qui forme la matière de l'engagement; 4.. enfin une cause licite dans l'obligation. Ces quatre points seront traités séparément.

§ 1er. *Du consentement des parties.*

Consentir, c'est vouloir ce qu'un autre veut, et nous propose de vouloir également. Et ce consentement pour être valable, doit être réciproque, donné avec réflection et connaissance de cause, librement, sans contrainte, sans surprise, si non, il peut donner lieu à l'une des trois causes de nullité, l'erreur, la violence et le dol que nous allons voir.

1.. L'erreur est l'ignorance de ce qui existe, ou la supposition de ce qui n'existe pas. Il n'y a pas de consentement valable, s'il n'a été donné que par erreur (1109.) tel est le principe qui s'identifie avec l'art. 1131, d'après lequel l'obligation sans cause n'a pas d'effet. L'erreur dans un contrat peut porter; 1.. sur la nature même de la convention; 2.. sur la chose qui en fait l'objet, 3.. sur la personne avec laquelle on contracte; 4.. sur le fait et le droit; 5.. sur le motif qui nous porte à contracter, mais qui n'est pas une cause de nullité. Je développerai tous ces points dans mon explication.

2. *De la violence.* La violence est physique ou morale. La violence physique a des effets trop apparens pour que le législateur s'en soit occupé. Quand à la violence morale, elle est définie dans l'art. 1112. La crainte révérentielle n'est pas un motif de nullité; cependant si elle est accompagnée de violences ou voies de fait, les tribunaux peuvent annuler le contrat. Il est indifférent que la violence ait été exercée par un tiers; le consentement n'en est pas moins vicié. C'est une notable différence avec le dol, qui n'est une cause de nullité que lorsque les manœuvres ont été pratiquées par l'une des parties. L'approbation donnée au contrat couvre le vice qui pourrait le faire rescinder.

3.. *Du dol.* — Le dol est toute espèce de manœuvre pratiquée dans des vues intéressées. Il est, dit, l'art. 1116, une cause de nullité de la convention, lorsque les manœuvres pratiquées par l'une des parties sont telles, qu'il est évident, que sans ces manœuvres; l'autre partie n'aurait pas contracté. Le dol, la violence et l'erreur ne se présument pas. C'est à celui qui attaque le contrat d'en fournir les preuves. Pour entrainer la nullité, le dol doit être principal, c'est-à-dire, cause déterminante du contrat, s'il n'est qu'accidentel ou accessoire, il donne lieu seulement à des dommages intérêts.

Le consentement dégagé de toute espèce de vices, doit être l'expression propre de la volonté du contractant, à moins qu'il ne se trouve dans un des cas spécifiés par les art. 1120, 1121 du Code Civil.

Dans tout contrat, on est toujours censé avoir stipulé pour soi, et ses héritiers ou ayant cause, si le contraire n'est exprimé ou ne résulte de la nature de la convention. Quand on traite pour un tiers, en son nom, le tiers peut être lié. 1.. Toutes les fois que son adhésion est expresse ou présumée; 2.. Toutes les fois que la partie contractante a pouvoir au nom du tiers; 3.. Lorsque la partie a personnellement assumé sur elle les conséquence de l'engagement pris au nom du tiers

§ 2. *De la capacité des parties contractantes.*

La loi pose en principe, que toute personne peut contracter, les incapacités sont des exceptions, elles sont énumérées dans l'art. 1124. Mais il faut faire une distinction entre l'incapacité qui frappe de mort civilement, et celle qui frappe le mineur, l'interdit et la femme mariée. Le premier est banni de la société; la loi le dépouille de tous ses droits, pour ne ne lui laisser que la faculté de faire les conventions nécessaires à la vie. Et si au mépris de la loi, il participe à quelques contrats de la vie civile, il ne peut plus arguer de son incapacité pour faire annuler la convention. La seconde incapacité, donne à ceux qui ont été trompés soit par leur jeunesse ou leur inexpérience, le droit de revenir sur les contrats aux quels ils avaient d'abord acquiescé, sans laisser dans les mains de leurs adversaires aucune espêce d'armes pour les combattre.

La loi a défendu à la femme mariée de faire toute espéce de contrats, hormis le cas d'autorisation préalable et celui où elle se livre à quelque genre de commerce.

Les tuteurs et les mandataires sont frappés d'incapacité par rapport à toute espèce de traité avec leurs pupilles et avec les personnes qui leur ont confié la gestion de leurs affaires.

§ 3. — *De l'objct et de la matière des contrats.*

Tout contrat a pour objet, une chose qu'une partie s'oblige à donner, à faire où à ne pas faire. Le mot chose, comprend ici les choses corporelles comme incorporelles, les choses présentes, comme les choses futures (on ne peut cependant transiger sur une succession non ouverte, ni vendre les grams en vert d'après la loi du 6 messidor an 3).

Le simple usage, ou la simple possession d'une chose, peut être comme la chose même, l'objet du contrat. Les choses hors du commerce ne peuvent jamais être l'objet des conventions. Il faut que l'objet du contrat, soit certain et déterminé, au moins dans son espèce, si ce n'est dans sa quotité, pourvu toutefois que cette quotité ne soit pas trop incertaine, au point de rendre impossible toute appréciation. Les choses impossibles, inutiles, naturellement illicites ou défendues par le droit civil, ne peuvent pas être l'objet d'une convention.

§ 4. — *De la cause.*

La cause, est le motif déterminant du contrat. Et ce motif doit exister s'il n'est fondé que sur une fausse supposition, le contrat est sans cause, il est radicalement nul (1131) ce motif doit être honnête; s'il ne l'est pas, la cause est illicite et le contrat vicié dans son essence. Au surplus, bien que la cause ne soit pas formellement exprimée, le contrat est toujours valable, parce-qu'on doit présumer jusqu'à preuve contraire, qu'il y a une cause réelle et licite. Mais si l'on contractait une obligation envers une personne pour l'engager à faire ce qu'elle doit, ou s'abstenir d'une mauvaise action; la cause est-elle illicite ? Non, bien que le stipulant manque de délicatesse, la promesse a une cause qui n'est pas désavouée par la loi civile.

CHAPITRE TROISIÈME.

§ 1er *De l'effet des obligations.*

Un contrat confère des droits et impose des obligations. Droit et obligation sont donc deux termes corrélatifs. L'obligation est la nécessité morale de donner, de faire ou de ne pas faire certaines choses. Le droit, est la faculté d'exiger que la chose soit donnée, qu'elle soit ou ne soit pas faite. La loi accorde la plus grande liberté aux parties, lors de la forme du contrat; mais une fois consommé, le contrat obtient force de loi; la puissance publique doit intervenir pour en assurer l'exécution. C'est une loi en ce sens, qu'on ne peut pas plus s'en dispenser que des lois générales. Mais si les magistrats dans leurs décisions, violaient cette loi, le recours en cassation ne serait pas admissible ; car l'appréciation de la loi du contrat est une application de fait, qui n'est pas du domaine de la cour de cassation. Les conventions ne peuvent être révoquées, que par le mutuel consentement des parties qui les a formées, pourvu que des raisons d'ordre public, et les interêts des tiers ne s'y opposent pas. Les conventions doivent être exécutées de bonne foi, et nul ne peut exiger l'exécution d'un contrat, s'il ne remplit les engagemens réciproques qu'il s'est imposés, ou s'il n'est en mesure de les remplir. Les conventions obligent non seulement à ce qui est exprimé; mais encore à toutes les suites que l'équité, l'usage ou la loi donnent à l'obligation d'après sa nature.

§ 2. — *De l'obligation de donner.*

Les effets des obligations varient selon les diverses espèces de convention. Le mot donner, doit être pris ici dans son acception la plus large, il comprend non seulement l'obligation de restituer la chose à son propriétaire, mais encore, celle de lui en transferer, soit, la propriété, soit le simple usage, soit même la simple possession.

L'obligation de donner importe celle de livrer la chose et de la conserver jusqu'à parfaite livraison, à peine de dommages intérêts envers le créancier. Il y a ici deux obligations, l'une principale, l'autre accessoire, celle de livrer et de conserver. La premiere est parfaite par le seul consentement des parties contractantes. Elle rend le créancier propriétaire au moment du conrat, et met la chose à ses risques et périls, dès l'instant, où elle a du être livrée, encore que la tradition n'en ait pas été faite. La seconde soumet celui qui en est chargé à apporter à sa gestion, tous les soins d'un bon père de famille, sans égard au plus ou moins d'utilité que l'une ou l'autre des parties peuvent en retirer.

En règle générale, le détenteur n'est pas tenu d'offrir lui-même la chose, il doit être constitué en demeure de la livrer, excepté néammoins dans le cas ou la chose ne pourrait être livrée que dans un temps ou dans un lieu certain que le débiteur a laissé passer. L'ar. 1139, règle ce mode de constitution en demeure.

§ 3. — *De l'obligation de faire ou de ne pas faire.*

Aux termes de l'art. 1142, toute obligation de faire ou de ne pas faire, se résout en dommages intérêts, en cas d'inexécution de la part du débiteur. Nous voyons ici une grande différence entre cette obligation et celle de donner. Car l'orsqu'on s'oblige à donner, on peut être contraint par les voies légales à céder la possession de la chose, au lieu que si l'obligation est de faire ou de ne pas faire, le créancier ne peut, en cas d'inexécution, employer la force, le respect dû à la liberté de l'homme s'y oppose; *nemo potest cogi ad faetum*; l'obligation se résout alors en dommages intérêts. Cependant, comme ce serait en quelque sorte encourager la mauvaise foi que d'en racheter les conséquences par des moyens pécuniaires, la loi veut que le créancier puisse faire exécuter lui-même l'obligation, aux dépens du débiteur ou bien qu'il puisse faire détruire ce qui aura été fait contrairement aux conventions.

§ 4e. — *Des dommages-intérêts résultant de l'inexécution des obligations.*

On entend par dommages-intérêts, l'indemnité de la perte qu'une partie a soufferte, et du gain qu'elle a manqué de faire.

Les dommages intérêts ne sont dus, pour l'inexécution ou le retard dans l'exécution de l'obligation, que tout autant qu'il y a eu faute au dol de la part du débiteur; ainsi, dans le cas fortuit ou de force majeure, il n'y a pas lieu á des dommages intérêts. Les parties ont toute latitude pour fixer entr'elles les dommages qu'elles peuvent prévoir; à défaut le juge en est l'appréciateur souverain. Il ne peut être alloué au debiteur une somme ni moindre ni plus forte que celle stipulée dans le contrat, à moins que l'obligation n'ait été exécutée en partie. En régle générale, le débiteur n'est tenu que des dommages intérêts qui ont pu être prévus lors du contrat. Mais s'il est coupable de dol, il l'est de tout le tort que le dol aura causé, c'est-à-dire des dommages intérêts imprévus. Si l'obligation a pour objet des sommes d'argent, les dommages ne consistent que dans la condamnation aux intérêts fixés par la loi, sauf les exceptions mentionnées par l'art. 1152.

§ 5. — *L'interprétation des conventions.*

L'obligation n'étant que l'expression de la volonté des contractans, c'est d'après cette volonté qu'on doit regler l'effet des conventions. Est-elle clairement manifestée? On doit s'y arrêter. Dans le cas contraire, il faut s'attacher aux règles suivantes. 1.. Si la validité de l'obligation est compromise par l'ambiguité des termes, on devra s'attacher au sens qui la laisse subsister; 2.. S'il s'agit seulemeut de déterminer l'étendue de l'obligation, on tâche d'y parvenir par la combinaison des diverses clauses du contrat. Lorsque cet examen est infructueux, on doit prononcer en faveur du débiteur. D'ailleurs la loi de raison suggére les maximes exprimées dans les art. 1158 1159 1160 et suivants.

§ 6.. *De l'effet des conventions à l'égard des tiers.*

Aux termes de l'art. 1165, les conventions n'ont d'effet qu'entre les parties contractantes, elles ne nuisent point au tiers, et elles ne lui profitent que dans le cas prèvu par l'art. 1121. Cette disposition est une conséquence du principe, qu'on ne peut en général s'engager ni stipuler en son propre nom que pour soi-même. Ce principe souffre cependant quelques exceptions ; outre celle qui est établie par l'art. 1121, on peut citer le concordat et le cas de substitution.

Les créanciers ont pour gage commun tous les biens de leur débiteur, de là naît pour eux la faculté d'exercer tous ses droits et actions ; à l'exception toutefois de ceux qui sont exclusivement attachés à la personne, tel qu'une pension alimentaire, le retrait successoral, l'acceptation d'une donation. Il suit encore de ce principe, que les créanciers peuvent attaquer les aliénations faites en fraude de leurs droits. Mais il n'y a pas aliénation frauduleuse, lorsque le débiteur néglige seulement d'acquérir ; sauf le cas d'une succession qui lui est dévolue, parce que alors il en est saisi de pleins droit. La fraude se détermine par deux caractères, le dessein et l'événement : *Consilium et eventus*, la fraude ne donne lieu à l'action rèvocatoire, dans les contrats à titre onéreux, que lorsqu'elle est évidente de la part des deux contractans ; dans les contrats à titre gratuit, elle suffit de la part du donateur.

CODE DE PROCÉDURE CIVILE.

TITRE UNIQUE.

DE L'APPEL.

L'utilité apparente de deux degrés de juridiction, a déterminé le législateur à établir des cours d'appel dans notre système judiciaire. Cette prétendue garentie d'une justice plus rigoureuse, n'a pas été cependant généralement appliquée, à toutes les causes débattues devant les tribunaux. Les lois d'organisation et de compétance de l'ordre judiciaire, ont réglé et déterminè l'étendue de cette juridiction reformatrice. Le code de procédure par un oubli qu'on ne saurait trop lui pardonner, n'a pas daigné reproduire et condenser des lois d'une si haute importance disséminées dans ce grand arsenal appelé le bulletin des lois. L'art. 5 du titre 4 de la loi du 24 août 1790 vient suppléer à ce silence, ou pour mieux dire la nouvelle loi du 11 avril 1838, qui dispose que les tribunaux civils de 1re instance, connaitront en dernier ressort des actions personnelles et mobiliaires, jusqu'à la valeur de quinze cents francs de principal, et des actions immobilières jusqu'à soixante francs de revenus déterminé, soit en rentes, soit par prix de bail.

Si nous cherchons maintenant à nous rendre compte de la pensée qui a guidé le législateur, en réglant sur la valeur de l'affaire le recours à une juridiction d'un ordre plus élevé, nous n'hésiterons pas à la reconnaître, dans le but constant qui l'a animé, de ne pas exposer les plaideurs à consommer en frais de procès le prix de leur contestation. Le motif est unique et ne saurait en souffrir d'autres. Qui oserait soutenir, que la justice doit se montrer plus rigoureuse en proportion de l'appréciation pécuniaire de la demande ! C'est la conscience seule du juge qui doit apprécier la rigueur du droit. Les difficultés de l'affaire ne surgissent pas non plus des valeurs qui s'y trouvent compromises, mais bien plutôt de la complication des droits sur lesquels elle s'appuie.

D'après ce qui précède, nous définirons donc l'appel, l'action qu'on exerce pour faire réformer, par un tribunal, le jugement d'un autre tribunal.

Il s'agit maintenant d'examiner, après avoir exposé les causes soumises à l'appel, si la demande primitive peut être étendue. En principe, évidemment non, car on ne peut enlever les plaideurs à la juridiction des tribunaux de 1re instance. Mais l'art. 464 a prévu des exceptions à cette règle. Il dispose qu'aucune nouvelle demande, ne pourra être formée en cause d'appel, sauf trois exceptions. 1.. Lorsqu'il s'agit de compensation : 2.. Lorsque la demande nouvelle n'est qu'une défense a l'action principale ; 3. Lorsque les parties se bornent à demander les intérêts échus depuis le jugement de première instance. L'art 465 règle la procédure à suivre dans ces demandes accessoires.

Il existe des jugemens, qui quoique soumis à l'appel, ne peuvent l'être immédiatement en raison de leur nature, L'art. 451 dispose, que l'appel d'un jugement préparatoire ne pourra être interjeté que conjointement avec l'appel du jugement définitif. Mais le même article restreint cette obligation, aux jugements préparatoires proprements dits, il dispose autrement au sujet du jugement interlocutoire, dont l'appel peut être interjeté avant le jugement définitif. Mais, qu'est-ce qu'un jugement préparatoire; qu'est-ce qu'un jugemen définitif? L'art 452 va se charger d'en donner la définition. Un jugement est préparatoire, lorsqu'il est rendu pour l'instruction de la cause, et qu'il tend à mettre le procès en état de recevoir jugement définitif. Le jugement est interlocutoire, lorsqu'il ordonne, avant dire droit, une preuve, une vérification qui préjuge le fond.

L'acte d'appel doit être un exploit d'ajournement fait dans la forme expliquée au titre des ajournements, et sera signifié à personne ou domicile, à peine de nullité.

Parlons des délais pour interjeter appel. Le délai pour interjeter appel, sera de trois mois; il courra pour les jugements contradictoires; du jour de la signification à personne ou à domicile. Pour les jugements par défaut, du jour où l'oposition ne sera plus recevable. Mais pourquoi cette disposition à l'égard des jugements par défaut? C'est évidemment parce que l'appel étant une voie exceptionnelle; pour réformer les jugements, on ne doit y recourir qu'après avoir épuisé les voies ordinaires. Il résulte de la doctrine et de la loi, que celui qui signifie un jugement sans protestation ne peut recourir à l'appel qu'autant que l'autre partie y adhère.. Mais l'intimé conservera ce droit, puis qu'il n'est censé y renoncer que tout autant que ce contrat cité sera parfait par le consentement des deux parties.

Les délais de l'appel emporteront déchéance contre toutes parties sauf le cas de la prolongation de l'appel, dans les cas spéciaux déterminés par les art. 445, 446 et 447.

Le législateur doit sentir souvent le besoin de fléchir la rigueur d'une disposition générale et absolue, lorsque l'équité commande d'atténuer un rigorisme trop sévère.

L'art. 448, pose aussi en droit une nouvelle prolongation de délai, ou plutôt une suspension, dans le cas, où le jugement aura été rendu sur une pièce fausse, ou par défaut d'une pièce décisive qui aurait été retenue par son adversaire.

Vient maintenant l'art. 449 qui a voulu comprimer le feu violent de la passion par le calme de la refléxion en exigeant qu'aucun appel d'un jugement non exécutoire par provision ne poura être interjeté dans la huitaine, à dater du jour du jugement. Et certes par là, les auteurs de la loi, ont donné aux mouvement, qui d'abord agitent un plaideur condamné, le tems de se calmer et de le rendre à la réfléxion dont il a besoin pour décider, avec sagesse, s'il exécutera le jugement, ou s'il l'attaquera.

Les art. 462 et 463 règlent la procédure à suivre sur l'appel, et á la lecture de ces articles, nous trouvons certes une grande simplicité de procédure, qui du reste, convient beaucoup, car devant le tribunal d'appel, il n'est rien innové à la question décidé par les premiers juges.

L'art. 457. régle à son tour, les effets produits par l'acte d'appel. Les art. 458, 459, 460 sur l'exécution provisoire, ne demandent qu'une simple lecture pour être compris.

Nous arrivons enfin à la péremption, qui sera acquise en cause d'appel dans les mêmes délais et suivant les mêmes formes que devant les premiers juges. Il y a seulement une différence entre les effets de la péremption en première instance et les effets de la péremption sur appel.

En première instance, la procédure est éteinte, mais non l'action, à moins qu'elle ne soit prescrite ou autrement anéantie.

Lorsque, sur l'appel du jugement, il y a péremption, la partie condamnée est, par sa longue inaction, censée avoir renoncé à son appel, et dès-lors, le jugement rendu en première instance acquiert la force de la chose jugée.

Autrefois, les juges d'appel ne pouvaient retenir l'exécution de leurs jugements, soit qu'ils confirmassent ou qu'ils infirmassent. Aujourd'hui, quand le jugement dont l'appel est confirmé, l'exécution en appartient au tribunal dont il émane, mais s'il est infirmé, l'exécution lui en appartient entre les mêmes parties. Cependant elle peut renvoyer l'exécution á un autre tribunal; mais elle doit l'indiquer dans son arrêt. Il faut excepter la demande en nullité d'emprisonnement, en expropriation forcée et autres, dans lesquels la loi attribue juridiction, (472).

CODE DE COMMERCE.

Livre 4. Titre 2.

Des Actes de commerce et de la compétence des Tribunaux de commerce, (art. 631 *à* 641 *).*

Les actes de commerce sont ceux qui ont le commerce pour objet, lors-même qu'ils sont faits par des individus non commerçants.

Ils se divisent en deux grandes classes : 1.° actes commerciaux de leur nature ; 2.° actes qui ne sont réputés tels, qu'á cause de la qualité des contractants.

1° *Actes commerciaux de leur nature.*

En examinant attentivemennt le premier alinéa de l'art. 632, nous trouvons les caractères distinctifs de l'achat et de la vente, qui sont l'achat avec l'intention de revendre, et cette intention se présume toujours chez l'individu qui, par ses opérations, se donne aux yeux de la société la qualification de commerçant. de ce principe, il résulte nécessairement que le propriétaire qui vend des denrées provenant de son cru, ne fait pas un acte de commerce; car il n'y a pas achat ; mais pour bien se fixer sur cette matière, il faut bien se pénétrer du principe suivant : la revente pour avoir la qualité d'acte de commerce, doit être principale, ainsi, les restaurateurs, aubergistes, tous ces individus font des actes de commerce, parce que l'achat des denrées est l'objet principal des opérations de leur profession.

Mais un propriétaire qui achéte des barriques pour contenir le vin qu'il a recolté, et qui vend ensuite, en même tems, les barriques et le vin ne fait pas un acte de commerce, parceque les bariques ne sont que l'accessoire du vin. Il en est de même de l'instituteur qui achéte des provisions pour les besoins de sa pension, car la nourriture de ses élèves n'est que l'accessoire de l'éducation qu'il leur donne.

Il ne faut pas que les choses soient revendues dans le même etat où elles ont été achetées. Peu importe que les objets aient subi un changement plus ou moins considérable par le travail, ou par la mise en œuvre, l'acte commercial existe toujours. Quand à la location, elle ne peut avoir lieu que pour les choses mobilières, et il faut que le loueur ait acheté avec l'intention de louer. Ainsi celui qui loue un cheval, qu'il n'aurait acheté, que dans la vue principale de s'en servir personnellement, ne rendrait pas l'achat, acte de commerce.

La loi indique encore un grand nombre d'actes commerciaux de leur nature. Je me bornerai à en citer quelques uns, tels que les lettres de change, les opérations de change, du courtage et agence d'affaires.

2.° *Actes commerciaux par la qualité des contractans.*

Ces actes sont reputés tels non à cause de la nature des opérations, mais par une présomption déduite de la qualité des contractans.

Le 6.e alinéa de l'art. 632, déclare actes de commerce toutes obligations entre négocians, marchands et banquiers. Le législateur, dans l'intèret de la société, a aussi rangé au nombre dés opérations commerciales, les billets souscrits par les payeurs, receveurs, percepteurs et autres comptables, mais seulement en ce qui concerne leur comptabilité.

Aux termes de l'art. 631, les tribunaux de commerce doivent connaitre.— 1°. De toutes contestations relatives aux engagemens et transactions entre négocians marchands et banquiers. — 2°. Entre toutes personnes, des contestations relatives aux actes de commerce.

Ils jugent en dernier ressort 1.e toutes les demandes dont le principal n'excédera pas la valeur de mille francs;—2.e toutes celles oú les parties justiciables des tribunaux, et usant de leur droits, auront déclaré vouloir être jugé définitivement et sans appel.

Les art. 640 et 641 indiquent la marche á suivre dans le cas où dans un arrondissement, il n'y a pas de tribunal de commerce.

Cette Thèse sera soutenue le août 1838, dans la séance qui commencera à 8 heures du matin.

Vu par le président de la Thèse

F. MALPEL.

TOULOUSE, IMPRIMERIE ET LITHO. DE J-E. LAGARRIGUE, RUE DU TAUR N.° 46.

www.ingramcontent.com/pod-product-compliance
Ingram Content Group UK Ltd.
Pitfield, Milton Keynes, MK11 3LW, UK
UKHW022156260726
13993UKWH00005B/2405

9 782019 994853